NAME: _____

AGE: _____   DATE: _____

_____

_____

_____

_____

_____

NAME: _____

AGE: _____   **DATE:** _____

_____

_____

_____

_____

_____

NAME: _____

AGE: _____   **DATE:** _____

_____

_____

_____

_____

_____

NAME: _____

AGE: _____   DATE: _____

_____

_____

_____

_____

NAME: _____

AGE: _____   DATE: _____

_____

_____

_____

_____

NAME: _____

AGE: _____   DATE: _____

_____

_____

_____

_____

NAME: _____

AGE: _____ **DATE:** _____

_____

_____

_____

_____

NAME: _____

AGE: _____ **DATE:** _____

_____

_____

_____

_____

NAME: _____

AGE: _____ **DATE:** _____

_____

_____

_____

_____

NAME: _____

AGE: _____ **DATE:** _____

_____

_____

_____

_____

NAME: _____

AGE: _____ **DATE:** _____

_____

_____

_____

_____

NAME: _____

AGE: _____ **DATE:** _____

_____

_____

_____

_____

NAME: _____

AGE: _____ **DATE:** _____

_____

_____

_____

_____

NAME: _____

AGE: _____ **DATE:** _____

_____

_____

_____

_____

NAME: _____

AGE: _____ **DATE:** _____

_____

_____

_____

_____

NAME: _____

AGE: _____ **DATE:** _____

_____

_____

_____

_____

NAME: _____

AGE: _____ **DATE:** _____

_____

_____

_____

_____

NAME: _____

AGE: _____ **DATE:** _____

_____

_____

_____

_____

NAME: _____

AGE: _____ **DATE:** _____

_____

_____

_____

_____

NAME: _____

AGE: _____ **DATE:** _____

_____

_____

_____

_____

NAME: _____

AGE: _____ **DATE:** _____

_____

_____

_____

_____

NAME: _____

AGE: _____ DATE: _____

_____

_____

_____

_____

NAME: _____

AGE: _____ DATE: _____

_____

_____

_____

_____

NAME: _____

AGE: _____ DATE: _____

_____

_____

_____

_____

NAME: _____

AGE: _____ **DATE:** _____

_____

_____

_____

_____

NAME: _____

AGE: _____ **DATE:** _____

_____

_____

_____

_____

NAME: _____

AGE: _____ **DATE:** _____

_____

_____

_____

_____

NAME: _____

AGE: _____ **DATE:** _____

_____

_____

_____

_____

NAME: _____

AGE: _____ **DATE:** _____

_____

_____

_____

_____

NAME: _____

AGE: _____ **DATE:** _____

_____

_____

_____

_____

NAME: _____

AGE: _____ DATE: _____

_____

_____

_____

_____

NAME: _____

AGE: _____ DATE: _____

_____

_____

_____

_____

NAME: _____

AGE: _____ DATE: _____

_____

_____

_____

_____

NAME: _____

AGE: _____ **DATE:** _____

_____

_____

_____

_____

NAME: _____

AGE: _____ **DATE:** _____

_____

_____

_____

_____

NAME: _____

AGE: _____ **DATE:** _____

_____

_____

_____

_____

NAME: _____

AGE: _____ **DATE:** _____

_____

_____

_____

_____

NAME: _____

AGE: _____ **DATE:** _____

_____

_____

_____

_____

NAME: _____

AGE: _____ **DATE:** _____

_____

_____

_____

_____

NAME: _____

AGE: _____ **DATE:** _____

_____

_____

_____

_____

NAME: _____

AGE: _____ **DATE:** _____

_____

_____

_____

_____

NAME: _____

AGE: _____ **DATE:** _____

_____

_____

_____

_____

NAME: _____

AGE: _____ **DATE:** _____

_____
_____
_____
_____

NAME: _____

AGE: _____ **DATE:** _____

_____
_____
_____
_____

NAME: _____

AGE: _____ **DATE:** _____

_____
_____
_____
_____

NAME: _____

AGE: _____ DATE: _____

_____

_____

_____

_____

NAME: _____

AGE: _____ DATE: _____

_____

_____

_____

_____

NAME: _____

AGE: _____ DATE: _____

_____

_____

_____

_____

NAME: _____

AGE: _____ DATE: _____

_____

_____

_____

_____

NAME: _____

AGE: _____ DATE: _____

_____

_____

_____

_____

NAME: _____

AGE: _____ DATE: _____

_____

_____

_____

_____

NAME: _____

AGE: _____ **DATE:** _____

_____

_____

_____

_____

NAME: _____

AGE: _____ **DATE:** _____

_____

_____

_____

_____

NAME: _____

AGE: _____ **DATE:** _____

_____

_____

_____

_____

NAME: _____

AGE: _____ **DATE:** _____

_____

_____

_____

_____

NAME: _____

AGE: _____ **DATE:** _____

_____

_____

_____

_____

NAME: _____

AGE: _____ **DATE:** _____

_____

_____

_____

_____

NAME: _____

AGE: _____ **DATE:** _____

_____

_____

_____

_____

NAME: _____

AGE: _____ **DATE:** _____

_____

_____

_____

_____

NAME: _____

AGE: _____ **DATE:** _____

_____

_____

_____

_____

NAME: _____

AGE: _____ **DATE:** _____

_____

_____

_____

_____

NAME: _____

AGE: _____ **DATE:** _____

_____

_____

_____

_____

NAME: _____

AGE: _____ **DATE:** _____

_____

_____

_____

_____

NAME: _____

AGE: _____ **DATE:** _____

_____
_____
_____
_____

NAME: _____

AGE: _____ **DATE:** _____

_____
_____
_____
_____

NAME: _____

AGE: _____ **DATE:** _____

_____
_____
_____
_____

NAME: _____

AGE: _____ **DATE:** _____

_____

_____

_____

_____

NAME: _____

AGE: _____ **DATE:** _____

_____

_____

_____

_____

NAME: _____

AGE: _____ **DATE:** _____

_____

_____

_____

_____

NAME: _____

AGE: _____   **DATE:** _____

_____

_____

_____

_____

NAME: _____

AGE: _____   **DATE:** _____

_____

_____

_____

_____

NAME: _____

AGE: _____   **DATE:** _____

_____

_____

_____

_____

NAME:

AGE: **DATE:**

NAME:

AGE: **DATE:**

NAME:

AGE: **DATE:**

NAME: _____

AGE: _____ DATE: _____

_____

_____

_____

_____

NAME: _____

AGE: _____ DATE: _____

_____

_____

_____

_____

NAME: _____

AGE: _____ DATE: _____

_____

_____

_____

_____

NAME: _____

AGE: _____ **DATE:** _____

_____

_____

_____

_____

NAME: _____

AGE: _____ **DATE:** _____

_____

_____

_____

_____

NAME: _____

AGE: _____ **DATE:** _____

_____

_____

_____

_____

NAME: _____

AGE: _____ **DATE:** _____

_____

_____

_____

_____

NAME: _____

AGE: _____ **DATE:** _____

_____

_____

_____

_____

NAME: _____

AGE: _____ **DATE:** _____

_____

_____

_____

_____

NAME: _____

AGE: _____ **DATE:** _____

_____

_____

_____

_____

NAME: _____

AGE: _____ **DATE:** _____

_____

_____

_____

_____

NAME: _____

AGE: _____ **DATE:** _____

_____

_____

_____

_____

NAME: _____

AGE: _____ **DATE:** _____

_____

_____

_____

_____

NAME: _____

AGE: _____ **DATE:** _____

_____

_____

_____

_____

NAME: _____

AGE: _____ **DATE:** _____

_____

_____

_____

_____

NAME: _____

AGE: _____ **DATE:** _____

_____

_____

_____

_____

NAME: _____

AGE: _____ **DATE:** _____

_____

_____

_____

_____

NAME: _____

AGE: _____ **DATE:** _____

_____

_____

_____

_____

NAME: _____

AGE: _____ **DATE:** _____

_____

_____

_____

_____

NAME: _____

AGE: _____ **DATE:** _____

_____

_____

_____

_____

NAME: _____

AGE: _____ **DATE:** _____

_____

_____

_____

_____

NAME: _____

AGE: _____ **DATE:** _____

_____
_____
_____
_____

NAME: _____

AGE: _____ **DATE:** _____

_____
_____
_____
_____

NAME: _____

AGE: _____ **DATE:** _____

_____
_____
_____
_____

NAME: _____

AGE: _____ DATE: _____

_____

_____

_____

_____

NAME: _____

AGE: _____ DATE: _____

_____

_____

_____

_____

NAME: _____

AGE: _____ DATE: _____

_____

_____

_____

_____

NAME: _____

AGE: _____ **DATE:** _____

_____

_____

_____

_____

NAME: _____

AGE: _____ **DATE:** _____

_____

_____

_____

_____

NAME: _____

AGE: _____ **DATE:** _____

_____

_____

_____

_____

NAME: _____

AGE: _____   **DATE:** _____

_____

_____

_____

_____

NAME: _____

AGE: _____   **DATE:** _____

_____

_____

_____

_____

NAME: _____

AGE: _____   **DATE:** _____

_____

_____

_____

_____

NAME: _____

AGE: _____ **DATE:** _____

_____

_____

_____

_____

NAME: _____

AGE: _____ **DATE:** _____

_____

_____

_____

_____

NAME: _____

AGE: _____ **DATE:** _____

_____

_____

_____

_____

NAME: _____

AGE: _____ **DATE:** _____

_____

_____

_____

_____

NAME: _____

AGE: _____ **DATE:** _____

_____

_____

_____

_____

NAME: _____

AGE: _____ **DATE:** _____

_____

_____

_____

_____

NAME: _____

AGE: _____ **DATE:** _____

_____

_____

_____

_____

NAME: _____

AGE: _____ **DATE:** _____

_____

_____

_____

_____

NAME: _____

AGE: _____ **DATE:** _____

_____

_____

_____

_____

NAME: _____

AGE: _____ DATE: _____

_____

_____

_____

_____

NAME: _____

AGE: _____ DATE: _____

_____

_____

_____

_____

NAME: _____

AGE: _____ DATE: _____

_____

_____

_____

_____

NAME:

AGE: **DATE:**

_____

_____

_____

_____

NAME:

AGE: **DATE:**

_____

_____

_____

_____

NAME:

AGE: **DATE:**

_____

_____

_____

_____

NAME: _____

AGE: _____ DATE: _____

_____

_____

_____

_____

NAME: _____

AGE: _____ DATE: _____

_____

_____

_____

_____

NAME: _____

AGE: _____ DATE: _____

_____

_____

_____

_____

NAME: _____

AGE: _____ **DATE:** _____

_____

_____

_____

_____

_____

NAME: _____

AGE: _____ **DATE:** _____

_____

_____

_____

_____

_____

NAME: _____

AGE: _____ **DATE:** _____

_____

_____

_____

_____

_____

NAME: _____

AGE: _____ DATE: _____

_____

_____

_____

_____

NAME: _____

AGE: _____ DATE: _____

_____

_____

_____

_____

NAME: _____

AGE: _____ DATE: _____

_____

_____

_____

_____

NAME: _____

AGE: _____ **DATE:** _____

_____

_____

_____

_____

NAME: _____

AGE: _____ **DATE:** _____

_____

_____

_____

_____

NAME: _____

AGE: _____ **DATE:** _____

_____

_____

_____

_____

NAME: _____

AGE: _____ **DATE:** _____

_____

_____

_____

_____

NAME: _____

AGE: _____ **DATE:** _____

_____

_____

_____

_____

NAME: _____

AGE: _____ **DATE:** _____

_____

_____

_____

_____

_____

NAME: _____

AGE: _____ **DATE:** _____

_____

_____

_____

_____

NAME: _____

AGE: _____ **DATE:** _____

_____

_____

_____

_____

NAME: _____

AGE: _____ **DATE:** _____

_____

_____

_____

_____

NAME: _____

AGE: _____ **DATE:** _____

_____

_____

_____

_____

NAME: _____

AGE: _____ **DATE:** _____

_____

_____

_____

_____

NAME: _____

AGE: _____ **DATE:** _____

_____

_____

_____

_____

NAME: _____

AGE: _____ **DATE:** _____

_____

_____

_____

_____

NAME: _____

AGE: _____ **DATE:** _____

_____

_____

_____

_____

NAME: _____

AGE: _____ **DATE:** _____

_____

_____

_____

_____

NAME: _____

AGE: _____ **DATE:** _____

_____

_____

_____

_____

NAME: _____

AGE: _____ **DATE:** _____

_____

_____

_____

_____

NAME: _____

AGE: _____ **DATE:** _____

_____

_____

_____

_____

NAME: _____

AGE: _____ **DATE:** _____

_____

_____

_____

_____

NAME: _____

AGE: _____ **DATE:** _____

_____

_____

_____

_____

NAME: _____

AGE: _____ **DATE:** _____

_____

_____

_____

_____

NAME: _____

AGE: _____ **DATE:** _____

_____

_____

_____

_____

NAME: _____

AGE: _____ **DATE:** _____

_____

_____

_____

_____

NAME: _____

AGE: _____ **DATE:** _____

_____

_____

_____

_____

NAME: _____

AGE: _____ **DATE:** _____

_____

_____

_____

_____

NAME: _____

AGE: _____ **DATE:** _____

_____

_____

_____

_____

NAME: _____

AGE: _____ **DATE:** _____

_____

_____

_____

_____

NAME:

AGE: **DATE:**

_____

_____

_____

_____

NAME:

AGE: **DATE:**

_____

_____

_____

_____

NAME:

AGE: **DATE:**

_____

_____

_____

_____

NAME: _____

AGE: _____ **DATE:** _____

_____

_____

_____

_____

NAME: _____

AGE: _____ **DATE:** _____

_____

_____

_____

_____

NAME: _____

AGE: _____ **DATE:** _____

_____

_____

_____

_____

NAME: _____

AGE: _____ **DATE:** _____

_____

_____

_____

_____

_____

NAME: _____

AGE: _____ **DATE:** _____

_____

_____

_____

_____

_____

NAME: _____

AGE: _____ **DATE:** _____

_____

_____

_____

_____

_____

NAME: _____

AGE: _____ DATE: _____

_____

_____

_____

_____

NAME: _____

AGE: _____ DATE: _____

_____

_____

_____

_____

NAME: _____

AGE: _____ DATE: _____

_____

_____

_____

_____

NAME: _____

AGE: _____ **DATE:** _____

_____

_____

_____

_____

NAME: _____

AGE: _____ **DATE:** _____

_____

_____

_____

_____

NAME: _____

AGE: _____ **DATE:** _____

_____

_____

_____

_____

NAME: _____

AGE: _____ **DATE:** _____

_____

_____

_____

_____

NAME: _____

AGE: _____ **DATE:** _____

_____

_____

_____

_____

NAME: _____

AGE: _____ **DATE:** _____

_____

_____

_____

_____

NAME: _____

AGE: _____ **DATE:** _____

_____

_____

_____

_____

NAME: _____

AGE: _____ **DATE:** _____

_____

_____

_____

_____

NAME: _____

AGE: _____ **DATE:** _____

_____

_____

_____

_____

NAME: _____

AGE: _____ **DATE:** _____

_____

_____

_____

_____

NAME: _____

AGE: _____ **DATE:** _____

_____

_____

_____

_____

NAME: _____

AGE: _____ **DATE:** _____

_____

_____

_____

_____

NAME: _____

AGE: _____ **DATE:** _____

_____

_____

_____

_____

NAME: _____

AGE: _____ **DATE:** _____

_____

_____

_____

_____

NAME: _____

AGE: _____ **DATE:** _____

_____

_____

_____

_____

NAME: _____

AGE: _____ **DATE:** _____

_____

_____

_____

_____

NAME: _____

AGE: _____ **DATE:** _____

_____

_____

_____

_____

NAME: _____

AGE: _____ **DATE:** _____

_____

_____

_____

_____

NAME: _____

AGE: _____ **DATE:** _____

_____

_____

_____

_____

NAME: _____

AGE: _____ **DATE:** _____

_____

_____

_____

_____

NAME: _____

AGE: _____ **DATE:** _____

_____

_____

_____

_____

NAME: _____

AGE: _____   **DATE:** _____

_____

_____

_____

_____

NAME: _____

AGE: _____   **DATE:** _____

_____

_____

_____

_____

NAME: _____

AGE: _____   **DATE:** _____

_____

_____

_____

_____

NAME: _____

AGE: _____ **DATE:** _____

_____

_____

_____

_____

_____

NAME: _____

AGE: _____ **DATE:** _____

_____

_____

_____

_____

_____

NAME: _____

AGE: _____ **DATE:** _____

_____

_____

_____

_____

_____

NAME: _____

AGE: _____   **DATE:** _____

_____
_____
_____
_____
_____

NAME: _____

AGE: _____   **DATE:** _____

_____
_____
_____
_____

NAME: _____

AGE: _____   **DATE:** _____

_____
_____
_____
_____
_____

NAME: _____

AGE: _____ **DATE:** _____

_____

_____

_____

_____

NAME: _____

AGE: _____ **DATE:** _____

_____

_____

_____

_____

NAME: _____

AGE: _____ **DATE:** _____

_____

_____

_____

_____

NAME: _____

AGE: _____ DATE: _____

_____

_____

_____

_____

NAME: _____

AGE: _____ DATE: _____

_____

_____

_____

_____

NAME: _____

AGE: _____ DATE: _____

_____

_____

_____

_____

NAME: _____

AGE: _____ DATE: _____

_____

_____

_____

_____

NAME: _____

AGE: _____ DATE: _____

_____

_____

_____

_____

NAME: _____

AGE: _____ DATE: _____

_____

_____

_____

_____

NAME: _____

AGE: _____   DATE: _____

_____

_____

_____

_____

NAME: _____

AGE: _____   DATE: _____

_____

_____

_____

_____

NAME: _____

AGE: _____   DATE: _____

_____

_____

_____

_____

NAME: _____

AGE: _____ **DATE:** _____

_____

_____

_____

_____

NAME: _____

AGE: _____ **DATE:** _____

_____

_____

_____

_____

NAME: _____

AGE: _____ **DATE:** _____

_____

_____

_____

_____

NAME: _____

AGE: _____   DATE: _____

_____

_____

_____

_____

NAME: _____

AGE: _____   DATE: _____

_____

_____

_____

_____

NAME: _____

AGE: _____   DATE: _____

_____

_____

_____

_____

NAME: _____

AGE: _____ **DATE:** _____

_____

_____

_____

_____

NAME: _____

AGE: _____ **DATE:** _____

_____

_____

_____

_____

NAME: _____

AGE: _____ **DATE:** _____

_____

_____

_____

_____

NAME: _____

AGE: _____ DATE: _____

_____

_____

_____

_____

NAME: _____

AGE: _____ DATE: _____

_____

_____

_____

_____

NAME: _____

AGE: _____ DATE: _____

_____

_____

_____

_____

NAME: _____

AGE: _____ **DATE:** _____

_____

_____

_____

_____

NAME: _____

AGE: _____ **DATE:** _____

_____

_____

_____

_____

NAME: _____

AGE: _____ **DATE:** _____

_____

_____

_____

_____

NAME: _____

AGE: _____ DATE: _____

_____

_____

_____

_____

_____

NAME: _____

AGE: _____ DATE: _____

_____

_____

_____

_____

_____

NAME: _____

AGE: _____ DATE: _____

_____

_____

_____

_____

_____

NAME: _____

AGE: _____ **DATE:** _____

_____

_____

_____

_____

_____

NAME: _____

AGE: _____ **DATE:** _____

_____

_____

_____

_____

_____

NAME: _____

AGE: _____ **DATE:** _____

_____

_____

_____

_____

NAME: _____

AGE: _____ **DATE:** _____

_____

_____

_____

_____

_____

NAME: _____

AGE: _____ **DATE:** _____

_____

_____

_____

_____

_____

NAME: _____

AGE: _____ **DATE:** _____

_____

_____

_____

_____

_____

NAME: _____

AGE: _____ **DATE:** _____

_____

_____

_____

_____

_____

NAME: _____

AGE: _____ **DATE:** _____

_____

_____

_____

_____

_____

NAME: _____

AGE: _____ **DATE:** _____

_____

_____

_____

_____

_____

NAME: _____

AGE: _____ **DATE:** _____

_____

_____

_____

_____

NAME: _____

AGE: _____ **DATE:** _____

_____

_____

_____

_____

NAME: _____

AGE: _____ **DATE:** _____

_____

_____

_____

_____

NAME: _____

AGE: _____   **DATE:** _____

_____

_____

_____

_____

NAME: _____

AGE: _____   **DATE:** _____

_____

_____

_____

_____

NAME: _____

AGE: _____   **DATE:** _____

_____

_____

_____

_____

NAME: _____

AGE: _____ **DATE:** _____

_____

_____

_____

_____

NAME: _____

AGE: _____ **DATE:** _____

_____

_____

_____

_____

NAME: _____

AGE: _____ **DATE:** _____

_____

_____

_____

_____

NAME: _____

AGE: _____ **DATE:** _____

_____

_____

_____

_____

_____

NAME: _____

AGE: _____ **DATE:** _____

_____

_____

_____

_____

_____

NAME: _____

AGE: _____ **DATE:** _____

_____

_____

_____

_____

_____

NAME: _____

AGE: _____ **DATE:** _____

_____

_____

_____

_____

NAME: _____

AGE: _____ **DATE:** _____

_____

_____

_____

_____

_____

NAME: _____

AGE: _____ **DATE:** _____

_____

_____

_____

_____

NAME: _____

AGE: _____ **DATE:** _____

_____

_____

_____

_____

_____

NAME: _____

AGE: _____ **DATE:** _____

_____

_____

_____

_____

NAME: _____

AGE: _____ **DATE:** _____

_____

_____

_____

_____

_____

NAME: _____

AGE: _____ **DATE:** _____

_____

_____

_____

_____

NAME: _____

AGE: _____ **DATE:** _____

_____

_____

_____

_____

NAME: _____

AGE: _____ **DATE:** _____

_____

_____

_____

_____

NAME: _____

AGE: _____ **DATE:** _____

_____

_____

_____

_____

NAME: _____

AGE: _____ **DATE:** _____

_____

_____

_____

_____

NAME: _____

AGE: _____ **DATE:** _____

_____

_____

_____

_____

NAME: _____

AGE: _____ **DATE:** _____

_____

_____

_____

_____

NAME: _____

AGE: _____ **DATE:** _____

_____

_____

_____

_____

NAME: _____

AGE: _____ **DATE:** _____

_____

_____

_____

_____

_____

NAME: _____

AGE: _____ **DATE:** _____

_____

_____

_____

_____

NAME: _____

AGE: _____ **DATE:** _____

_____

_____

_____

_____

NAME: _____

AGE: _____ **DATE:** _____

_____

_____

_____

_____

NAME: _____

AGE: _____ **DATE:** _____

_____

_____

_____

_____

NAME: _____

AGE: _____ **DATE:** _____

_____

_____

_____

_____

NAME: _____

AGE: _____ **DATE:** _____

_____

_____

_____

_____

NAME: _____

AGE: _____ **DATE:** _____

_____

_____

_____

_____

NAME: _____

AGE: _____ **DATE:** _____

_____

_____

_____

_____

NAME: _____

AGE: _____ **DATE:** _____

_____

_____

_____

_____

NAME: _____

AGE: _____ **DATE:** _____

_____

_____

_____

_____

NAME: _____

AGE: _____ **DATE:** _____

_____

_____

_____

_____

NAME: _____

AGE: _____ **DATE:** _____

_____

_____

_____

_____

_____

NAME: _____

AGE: _____ **DATE:** _____

_____

_____

_____

_____

NAME: _____

AGE: _____ **DATE:** _____

_____

_____

_____

_____

NAME: _____

AGE: _____ **DATE:** _____

_____

_____

_____

_____

NAME: _____

AGE: _____ **DATE:** _____

_____

_____

_____

_____

NAME: _____

AGE: _____ **DATE:** _____

_____

_____

_____

_____

NAME: _____

AGE: _____ **DATE:** _____

_____

_____

_____

_____

NAME: _____

AGE: _____ **DATE:** _____

_____

_____

_____

_____

_____

NAME: _____

AGE: _____ **DATE:** _____

_____

_____

_____

_____

_____

NAME: _____

AGE: _____ **DATE:** _____

_____

_____

_____

_____

_____

NAME: _____

AGE: _____ **DATE:** _____

_____

_____

_____

_____

_____

NAME: _____

AGE: _____ **DATE:** _____

_____

_____

_____

_____

_____

NAME: _____

AGE: _____ **DATE:** _____

_____

_____

_____

_____

_____

NAME: _____

AGE: _____ **DATE:** _____

_____

_____

_____

_____

NAME: _____

AGE: _____ **DATE:** _____

_____

_____

_____

_____

NAME: _____

AGE: _____ **DATE:** _____

_____

_____

_____

_____

NAME: _____

AGE: _____ DATE: _____

_____

_____

_____

_____

NAME: _____

AGE: _____ DATE: _____

_____

_____

_____

_____

NAME: _____

AGE: _____ DATE: _____

_____

_____

_____

_____

NAME: _____

AGE: _____ **DATE:** _____

_____

_____

_____

_____

NAME: _____

AGE: _____ **DATE:** _____

_____

_____

_____

_____

NAME: _____

AGE: _____ **DATE:** _____

_____

_____

_____

_____

Made in the USA
Monee, IL
16 November 2022